Le SYLLABAIRE de la Mère.

Toute la lecture sur douze images par J. G.

Lith. Grieshaber & Weiss.

Je soussigné imprimeur lithographe certifie que tout le tirage sera conforme à ces exemplaires.

Strasbourg, le 11 Septembre 186

M. Grüshaber

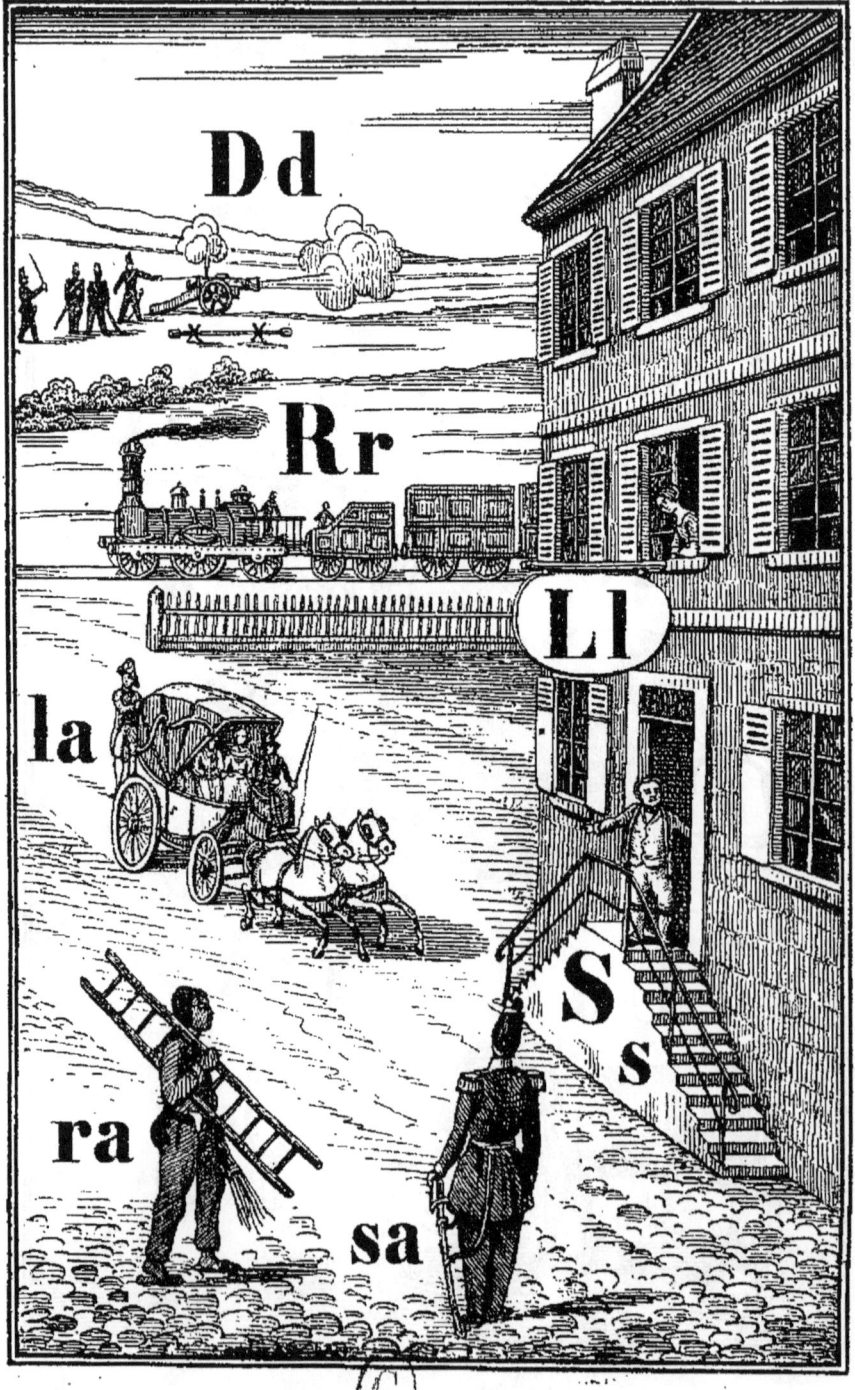

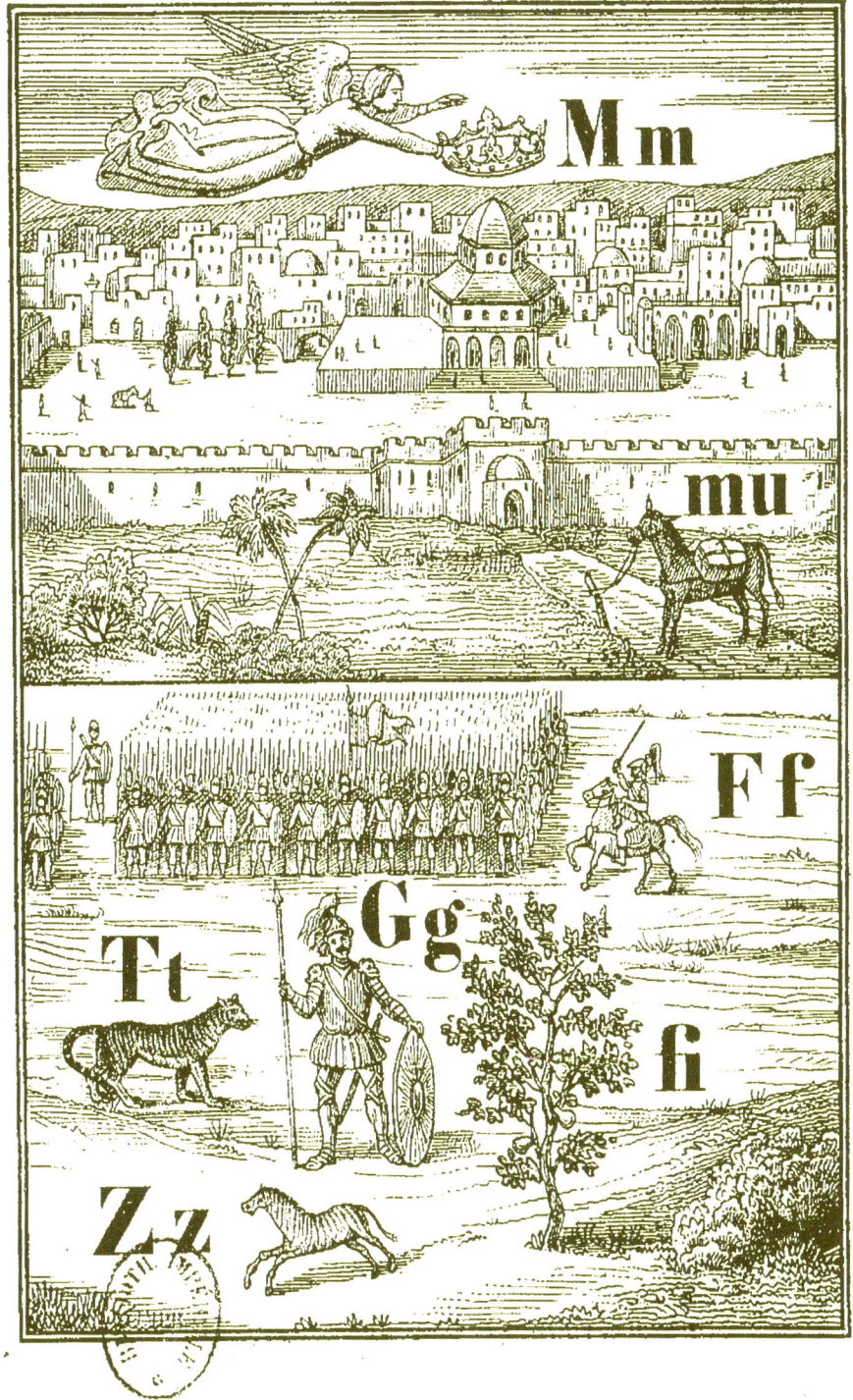

l'aumône.

a	A	j	J	s	S
b	B	k	K	t	T
c	C	l	L	u	U
d	D	m	M	v	V
é	E	n	N	x	X
f	F	o	O	y	Y
g	G	p	P	z	Z
h	H	q	Q	ch	Ch
i	I	r	R	é	e

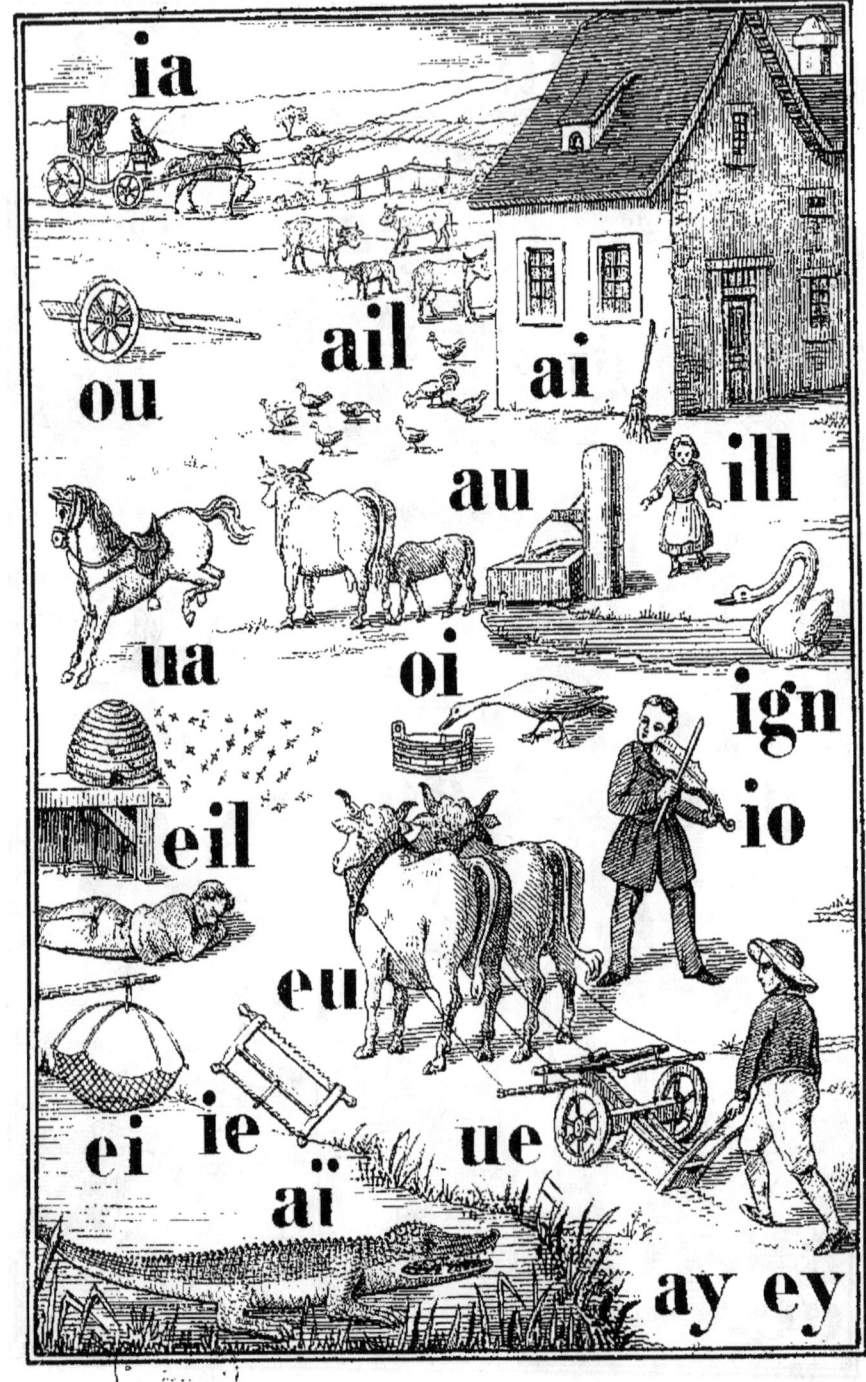

12 (bis).

a	A	j	J	s	S
b	B	k	K	t	T
c	C	l	L	u	U
d	D	m	M	v	V
é	E	n	N	x	X
f	F	o	O	y	Y
g	G	p	P	z	Z
h	H	q	Q	ch	Ch
i	I	r	R	é	e

a	ab	i	id	o	os	i	if
o	or	i	il	a	ag	i	ic
o	oq	a	ax	u	uv	a	ah

p	po	t	tu	z	zo	v	vi
f	fo	r	ra	l	lo	d	di
j	ju	m	mi	n	nu	x	xé

ab	op	id	ut	as	oz	af	if
ol	il	or	yr	ac	ic	oq	iq
ag	og	ix	ax	iv	uv	a*h*	o*h*

e é è ê

ba	po	di	tu	si	zo	vi	fi
ra	ru	lo	ly	dé	jà	mâ	nô
nù	mî	fi	chu	fi	xé	ho	hé
ne	né	le	lè	de	dé	pe	pê

As	Ur	Il	El	Bâ	Dé	Fô
Tù	Lî	Je	Né	Rè	Mê	Hé

ba	bal	fo	fol	di	dir	ty	tyr
vi	vif	lo	l'os	do	dot	pi	pic
do	dog	ju	jur	cha	char	fi	fix
(é)	el	sè	sel	nè	nef	bè	bec

ai au oi en in un

bou	jeu	fau	lai	rei	choi
l'an	ram	den	tem	bon	nom
pin	sim	l'un	d'un	fum	tym
bain	scin	peau	soin	lien	lieu

ca co cu ga go gu

ce cé ci cè cy ge gé gî gê

cai cau cou coi can con cun
gai gau goû goî gan gon gun
ceu cen cin geu gen gin syn

çai çoi çon çan

bleu plaî flau froi vrai proi
clou croi glan grin brun l'hum
qui que quai queu quoi qu'un
cain cein cau ceau gai geai
goi geoi gan gean gon geon
coi çoi gin guin geu gueu

Dieu Seul Vrai Jour Fleur Neuf Crin Train
Frein Rien Main Faim Thym
Noir Chair Soif Loin Grain Soeur Coeur
Ailé Aimé Ainsi Europe Aurore
Antérieur Impiété Empereur

(**ill**) Pillé tailleur travail veillé
meilleur réveil (**eu**) orgueil recueil
(**gn**) Signé règna soigné seigneur
(é) Hé! (è) valet (é) courez
chercher (è) les (e) poules (è) des

(e) voisine*s* (è) trompette de l'ennemi, richesse universelle, effet terrible.
(i) l'*i*nimitié l'*i*mmensité (a) flamme méchamment ardemment (o) pomme tonneau (u) l'unité l'*h*umilité, (f) le philosophe.

───

1. Dieu, l'éléphant, la chèvre, l'arbre, l'homme en oraison, l'ibis, l'hyène, l'ure un bœuf.
2. La décharge du canon, le ramoneur et le chemin de fer, le laquais et l'hotel, le sabre et l'escalier.
3. Le mulet et le diadème, le figuier et le chef de l'armée, la tête du tigre, le zèbre, Goliath le géant.
4. La béquille, le pélican, le javelot à la girouette, le chameau, le coq sur le cuveau et la quenouille, le Kalmouk et le Casoar, le xé un cerf.
5. La hache, le nid et la garenne, le vétéran et le volcan.
6. Sainte Cécile jouant et chantant un cantique.
7. (c) La cabane et le coq sur la cuve, la cigogne et le cep de vigne; (g) la gazèlle, la figure et le gobelet du garçon, la

girouette et la génisse, la guitare et les guêpes.

8. La maison et le balai, le veau et l'eau du tuyau; le contour de la roue, les deux bœufs, la seine un filet de pêcheur, l'oie qui boit, le caïman un crocodile, le paysan à la charrue, le fiacre, la ruade du cheval, le violon et la scie, la fille, le cigne se baignant.

9. Le pont et le pigeon, le banc et le paon, le serpent et les dents du chat, la pintade et un serin sur le pin, le chien et le lynx, le frein au cheval du citoyen, le lion et le foin, le daim qui a faim, la natation.

10. (é è e) le nez et le bonnet du jardinier, les dés des filles, les poules et mes pommes, un pivert sur un toit désert; (c f l r) le bec, le chef, le col et le corps du coq.

11. La brebis, le blaireau, la clochette, la cruche, le froment, le fléau, la tricoteuse, la vrille, la statue, les spectateurs, le sculpteur (si) et la scie.

12. La dame sur l'âne, le tonneau et les bottines, la cime et la lune, l'homme, les cannes et la femme, la paonne.

www.ingramcontent.com/pod-product-compliance
Lightning Source LLC
Chambersburg PA
CBHW060935050426
42453CB00010B/2019